SIMBOLISMOS
EM A DIVINA COMÉDIA, DE
DANTE ALIGHIERI

LÚCIA HELENA GALVÃO

SIMBOLISMOS
EM A DIVINA COMÉDIA, DE
DANTE ALIGHIERI

Rio de Janeiro
2023

Adaptação de texto
Natani Lepre Franco

Revisão
Gabriela Coiradas

Capa e projeto gráfico
Anael Medeiros

Coordenação editorial
Auriel de Almeida e Thais Boulanger

Grafia atualizada segundo o acordo ortográfico da língua portuguesa de 1990, que entrou em vigor no Brasil em 2009.

Dados Internacionais de Catalogação na Publicação (CIP)

G182 Galvão, Lúcia Helena

Simbolismos em A divina comédia, de Dante Alighieri / Lúcia Helena Galvão. — 1. ed. — Rio de Janeiro : Hanoi Editora, 2023.

92 p.

ISBN 978-85-54823-53-5

1. Dante Alighieri, 1265-1321. La divina commedia. 2. Simbolismo. 3. Arte e filosofia. I. Título.

CDD-189

Bibliotecária: Regina Oliveira de Almeida CRB–7/6116

[2023]
Todos os direitos desta edição reservados à
HANOI EDITORA
www.hanoieditora.com.br
contato@hanoieditora.com.br

Prefácio

A *Divina Comédia,* de Dante Alighieri, foi escrita no século XIV enquanto seu autor estava exilado, durante um período conturbado da história política de Florença, sua cidade natal. É considerada a obra-prima da literatura italiana e um dos grandes clássicos da literatura universal. Foi uma obra pioneira ao ser escrita em uma língua local ao invés do latim, como era o costume, e contribuiu para a formação do italiano como é conhecido atualmente, a partir de dialetos falados na região em seu tempo. Originalmente intitulada apenas *Comédia*, foi denominada *Divina Comédia* por Boccaccio, considerado um dos três principais escritores italianos, juntamente com o próprio Dante e Petrarca.

A Divina Comédia foi revolucionária em diversos sentidos e, ao longo de sete séculos, tornou-se fonte de inspiração para inúmeros artistas, tais como Botticelli, William Blake, Liszt e Rodin, na pintura, literatura, música e escultura. Destaca-se a profusão de conceitos filosóficos, teológicos e científicos contidos em suas páginas, além de fatos e personagens históricos e mitológicos usados para ilustrá-la, o que demonstra a erudição e a perspicácia de seu autor. De qualquer forma, mesmo fazendo uso de elementos de sua época, Dante é capaz de criar um texto atemporal que, entre outras acepções, representa a jornada do ser humano em sua evolução, como destacado pela Prof.ª Lúcia Helena Galvão neste livro.

A autora destaca a importância de não nos restringirmos a uma análise literal das grandes obras da cultura humana, como *A Divina Comédia*. Em tais obras, cada palavra é cuidadosamente pensada e possui inúmeros significados, o que torna a sua leitura um instigante exercício de reflexão. A ênfase que *A Divina Comédia* dá ao número três é um exemplo da construção cuidadosa do texto: dividido em três partes, cada uma com trinta e três cantos, composto em versos tercetos hendecassílabos, somando trinta e três sílabas. Como escreve o próprio Dante: "Oh vós, os que tendes são entendimento! Reparai na doutrina que se oculta sob o véu destes estranhos versos!"

A Prof.ª Lúcia Helena também ressalta que a capacidade de refletir sobre si mesmo e o mundo é um direito e um dever de cada ser humano, e não algo que deva ser delegado exclusivamente a especialistas, por mais que sua contribuição seja valiosa para auxiliar-nos a chegar a nossas próprias conclusões. Assim, a autora não pretende exaurir todas as possibilidades contidas em *A Divina Comédia*, mas age como uma hábil professora e guia ao apontar caminhos para que também possamos desvelar novos significados. Cada elemento que compreendemos dos grandes mitos da humanidade, antigos ou modernos, possibilita-nos uma visão mais ampla do mundo e de nós mesmos, além de fornecer-nos instrumentos para transformarmos nossas próprias vidas. Como ressalta a Prof.ª Lúcia Helena, tudo o que fazemos iluminados pelas ideias atemporais contidas nos mitos permite-nos roubar um instante do tempo cronológico, que nos devora tal como o Cronos grego, para a eternidade. Todos nós não guardamos com vivacidade em nossa memória acontecimentos que consideramos especiais, ainda que tenham sido singelos, acontecido há muitos anos e durado poucos instantes? Que, assim como Dante, autor e personagem principal de *A Divina Comédia*, também saibamos vencer gradualmente nossas limitações, triunfar sobre as adversidades presentes na vida e encontrar o que há de melhor e mais luminoso em nós!

João Paulo Martins Melo
Palestrante e professor de Filosofia na Nova Acrópole

Índice

Introdução

Primeiramente, dou as boas-vindas ao leitor deste volume, preparando-o para o que há de encontrar. A intenção deste trabalho é falar, para os conhecedores da obra, sobre alguns dos simbolismos que podemos perceber em *A Divina Comédia*, obra principal de Dante, ou Durante Alighieri (seu legítimo nome).

Considero importante esclarecer tal intenção, pois o simbólico não é uma visão aleatória e particular, mas uma interpretação elaborada para que seja a mais isenta e universal possível, embora sempre possa estar tingida de algum toque pessoal. Ou seja, você pode dizer: "Isso que você viu não é o correto". Eu não possuo qualquer testamento de Dante Alighieri dizendo que a interpretação da sua obra é oficialmente essa, embora haja afirmações dele declarando que sua obra é mais do que aparece em uma leitura superficial.

Portanto, o que proponho quando falo simbolicamente de alguma obra — e já o fiz com várias — é sempre uma possibilidade. Qualquer um dos leitores pode, como princípio, ver mais, ou melhor, ou mais profundamente. Eu abro uma possibilidade justamente a fim dar esse "*start*", para que cada um perceba que existe a possibilidade de ler simbolicamente uma obra.

Nós vivemos em uma época curiosa, a dos especialistas, que são muito bons em várias coisas. Como exemplo, há especialistas em uma determinada modalidade médica ou em lidar com um tipo de máquina mais específica, que devem possuir a prioridade, senão a exclusividade, de atuar em suas áreas.

Agora, quando trazemos essa lógica para o campo do pensamento, é bem difícil aceitar quando alguém nos diz que ele só pode ser exercido por *especialistas*, pois pensar é um direito humano *lato sensu*, irrestrito, e não apenas um direito, mas um dever.

E quando nós começamos a temer não nos sentirmos aptos a pensar sobre a vida, a situação torna-se complexa, pois arriscamos estar nas mãos de outros que a pensem por nós. E, claro, ao pensarem nossa vida por nós, colocam também seu matiz pessoal.

Portanto, a tônica de uma interpretação simbólica de cunho filosófico é estimular o critério próprio, ou seja, cada vez que comento uma obra, o intuito é criar um impulso para que todos se sintam habilitados a pensar sobre ela. Um dos maiores limitantes para a criatividade humana é sermos colocados diante de um mundo onde, aparentemente, tudo já está pensado, entendido e bem rotulado, e basta a nós assimilarmos todos esses rótulos. É sempre bom saber e deixar claro para nossos jovens que todas as questões humanas estão em aberto.

Costumo recomendar aos meus alunos que leiam o prefácio depois da leitura da obra, pois, por mais que ali haja uma série de elementos que contextualizam e apoiam a leitura, há também muita opinião pessoal que induz a um pré-julgamento que é sempre limitante. Às vezes, a leitura do prefácio pode reduzir tanto a compreensão da obra que passamos a detectar apenas aquilo que o prefaciador viu. Ficamos restritos, uma vez que nos falta a coragem de ir além, pois, afinal de contas, quem sou eu para ir além do que tal pessoa disse?

Reitero aqui aquela interessante resposta que se atribui, em seu anedotário, a Beethoven, direcionada a um determinado barão, o qual, num certo dia, havia lhe enviado um bilhete com o seguinte teor: "Toque tal peça! Assinado: barão tal, proprietário de tantos e tantos títulos e terras." E Beethoven teria escrito uma resposta reduzida a um bilhetinho que dizia o seguinte: "Não tocarei! Assinado, Ludwig van Beethoven, proprietário de um cérebro."

Seja ou não verdadeira a história, trata-se, sem dúvidas, de uma boa resposta para demonstrar que ninguém pode restringir a nossa visão, e nem deve fazê-lo.

Sou professora de filosofia há 33 anos e, durante muito tempo, em paralelo às minhas aulas para adultos, dei aula para adolescentes, e eles sempre me surpreenderam com o quão inusitadas são as suas dúvidas e como abrem possibilidades originais de compreensão, a tal ponto que, a uma certa altura, eu já não sabia quem estava ensinando quem.

O adulto restringe muito as suas possibilidades de pensamento; o adolescente, não; ele acha que tudo é possível e ousa mesmo. Ao fazê-lo, ilumina possibilidades que nos deixam boquiabertos. Ninguém disse para ele que não deveria pensar porque não é um especialista, e ele acredita que pode. E, de fato, pode. E todos nós podemos. Esta obra é um desafio para que nos lancemos a tanto.

O desafio de Dante

Gostaria de esclarecer o motivo de me sentir incentivada a falar sobre obras como esta, explorando seu simbolismo. Faço-o porque, entre outras razões, o próprio autor, por vezes, lança-nos luz sobre essa possibilidade, como em um desafio.

Quando se trata, por exemplo, do famoso e extraordinário *Dom Quixote de la Mancha*, no rosto de sua edição mais antiga, Miguel de Cervantes mandou imprimir a seguinte frase: "Após as trevas, espero a luz." Muitas edições mais modernas conservaram a frase de abertura, desafiadora, que já prenuncia uma trajetória repleta de entrelinhas significativas.

Cervantes, ainda em vida, teve a oportunidade de ver a sua obra sendo interpretada como uma mera comédia de costumes, quando, na verdade, o Dom Quixote é um tratado exemplar que busca entender a alma humana. Se um dia forem de viagem à Espanha, por favor, leiam antes o Dom Quixote, pois muito do espírito mais legítimo e tradicional dessas terras está impregnado nesta obra, embora sua abrangência maior seja o espírito humano como um todo.

Então, Miguel de Cervantes desafiou-nos com esta frase, mas não só ele o fez. Muitos autores quase que nos deixam um testamento autorizando a interpretação. Incentivam-nos mesmo a falar e a procurar simbolismos maiores ocultos em suas obras.

O QUE É O SÍMBOLO?

De maneira simplificada, sem querer entrar aqui em exposições teóricas longas, o que é um símbolo, sob o ponto de vista da Filosofia?

Símbolo tem sua etimologia no latim "*symbolum*", que, por sua vez, vem do grego "*symbolon*", de *sin* (com, juntamente) mais *ballós* (jogar, arremessar). É como se tivéssemos uma imagem no plano das ideias citado por Platão e, de repente, essa ideia fosse lançada no plano material, gerando um reflexo relacionado a ela; como se a essência pudesse criar uma sombra no plano da existência.

Platão diz que todas as coisas que estão no mundo nasceram de uma ideia, no plano das ideias, e depois espelharam-se aqui; a evolução das formas nada mais seria do que a sombra tentando refletir perfeitamente o ser que lhe deu origem, ou seja, a sua ideia, até que os dois se encontrassem em um ponto no infinito. Por isso é tão comum a representação de uma caminhada ascensional associada ao despertar da consciência, como na própria *Divina Comédia*. Encontramos algo parecido no famoso "mito da caverna" platônico e na "sequência do boiadeiro", do zen budismo, ambos muito expressivos dessa mesma ideia.

Assim, um símbolo seria aquilo que representa no mundo concreto algo que já existia no plano das ideias. Quando olhamos, por exemplo, para uma pomba, ela está bem aqui, no plano manifestado. Sabemos também que, no plano das ideias, esta ave está, pelo menos no nosso contexto ocidental moderno, associada à ideia da paz. É um símbolo ligado a um significado que está lá em cima, e não neste plano; não se trata de uma relação horizontal entre dois mundos, mas vertical. Ela representa, no mundo concreto, uma ideia que não é daqui: uma ideia eterna, atemporal, que vive para sempre no plano das ideias.

Portanto, por meio de um símbolo como este, você pode recuperar essa ponte entre dois planos e acessar um conceito atemporal. Quando os símbolos esvaziam-se, as palavras, que também são símbolos, em geral, começam a esvaziar-se igualmente. Dentro de algum tempo, talvez, a palavra "paz" já não signifique mais muita coisa. O nosso tempo histórico já define, com frequência, paz como um sinônimo de passividade — um erro crasso que gera consequências extremamente danosas ao exercício da verdadeira paz.

Hoje temos, também, muitos ideogramas que chamamos, equivocadamente, de símbolos, como determinadas marcas comerciais de determinados produtos. Por exemplo, o "símbolo do McDonald's". Sei que o pessoal do *design* briga bastante por esses títulos, e a nomenclatura é ampla, mas é algo como um logotipo, um ideograma. O sanduíche do McDonald's está "aqui" no mundo concreto, e o "M" douradinho ou amarelo também está neste mesmo plano; é uma relação horizontal, não traz uma ideia nova ao mundo, enquanto os símbolos legítimos são sempre verticais, pontífices.

Por isso, percebemos que há um certo desvio naquilo que o nosso momento histórico chama de "decoração". Esta palavra também tem uma etimologia muito interessante: "decore" significa "trazer à tona o coração das coisas e das pessoas". Quando entramos em uma grande loja de decoração, pode acontecer de não encontrarmos um único objeto que simbolize alguma coisa: pode haver apenas cristais retorcidos, objetos um pouco sem sentido, feitos para combinar com a cor do estofado ou do tapete. Talvez o vazio fosse melhor, pois é também um símbolo. E as formas, quando trazem à tona o coração do ser humano, representam algo que é do mesmo plano deste coração, ou seja, do "centro". O coração é o símbolo do centro de onde tudo irradia no plano das ideias.

Portanto, o símbolo sempre comunica dois mundos. Sabemos que a linguagem simbólica está presente nos mitos e nos contos; costumo discorrer bastante sobre esse assunto quando trato do simbolismo dos contos de fada e sua relação com a vida.

Como entender os mitos?

Em algumas ocasiões, quando me disponho a falar sobre mitos como o do Rei Arthur, as pessoas me perguntam: "Como faço para entender esse mito? Já li vários livros a respeito, já estudei tudo o que encontrei disponível". E, às vezes, apenas lendo os livros, acumulando informação, que é um procedimento horizontal, quantitativo, ainda assim não decodificamos uma parte do que o mito quer dizer.

O mito, como já falamos em relação ao símbolo (do qual ele é composto), é também uma ponte vertical. Ele tem a proposta de trazer algo do plano das ideias para o plano concreto. Mircea Eliade, um grande filósofo do século XX, dizia que, no plano das ideias, vive o mito; no meio do caminho estão os símbolos que o representam; na vida concreta, quando o mito é vivido, temos o rito. Trata-se daquele momento em que roubamos um instante do tempo para a eternidade, um momento de Cronos para Zeus, ao tornar simbólico um ato da nossa trajetória pessoal.

Diz-se que isso era integrado na mentalidade mítica dos gregos: o dever humano de roubar momentos da banalidade para o sagrado, momentos do tempo para a eternidade, ou seja, a vivência prática do mito, pois toda a vida também é simbólica.

Costumo utilizar um exemplo bastante prosaico, mas muito frequente em nossas vidas, para ilustrar nossa capacidade de visão simbólica dos fatos que nos ocorrem: as filas. Suponha que estamos em uma fila e ela é a que menos anda — no trânsito, banco, supermercado ou qualquer outro lugar. Portanto, optamos por mudar de fila: aquela em que estávamos começa a andar e a que entramos paralisa. Só há duas possibilidades: ou dizemos "Que azar! Por que isto só acontece comigo?", que é um julgamento superficial e banal, ou nos perguntamos "O que a vida está querendo me dizer com isso?". Talvez haja aí um símbolo.

Será que a vida não está querendo sinalizar que eu poderia ser um pouco mais paciente? Que talvez precise diminuir o meu senso de importância própria, de achar que todos podem esperar, menos eu? Se faço uma proposta de avaliação, reposiciono-me diante da vida, e quando as filas começam a andar, posso dizer: "Entendi a vida neste ponto". E se nos acostumamos a fazer isso, chega um determinado momento em que começamos a desconfiar de que exista um interlocutor oculto nos bastidores da vida comunicando-se conosco por meio dessa linguagem tão especial.

Os mitos são vividos, diz-se classicamente. O símbolo é uma forma de comunicação da natureza, da vida, com todos aqueles que são capazes de lê-lo. E quando praticamos isso, aprendemos sobre símbolos por intermédio da própria vida; podemos ler o mito do Rei Arthur e dizer: "Não é à toa que Guinevere trai Arthur com Lancelot", pois Guinevere é a alma humana que trai seus princípios elevados por amor ao corpo; ou “Não é à toa que Cronos devora todos os seus filhos”, pois Cronos é o tempo, que devora todos.

E começamos a perceber, com os mitos, que todos os povos ao longo da história estavam fazendo uma única coisa: lutando contra os problemas humanos, lutando para crescer. E os problemas não eram tão diferentes dos que enfrentamos hoje: fatores como a perda, a dor, a falta de autocontrole, a falta de sabedoria para lidar consigo mesmo e com o outro, a solidão, o não saber viver, o não saber morrer.

Assim, os problemas humanos fundamentais, os realmente importantes, nunca mudaram. Ninguém sofre de forma atroz porque o último modelo adquirido de seu celular entrou em pane; levamos a um técnico ou simplesmente trocamos de aparelho. Os problemas fundamentais que nos fazem sofrer são sempre os mesmos ao longo da história, e dizem respeito ao ser humano. E os homens que enfrentaram esses problemas com sucesso deixaram o registro como herança para o futuro por meio de mitos e contos. Muitas vezes, usaram contos fantásticos, como os chamados contos de fada.

Em suma, aprendemos simbolismo com a vida. Depois, começamos a ficar ousados e atrevidos para nos lançarmos aos mitos e à literatura. Em minhas aulas de Filosofia, estudamos, em determinada etapa, a simbologia teológica de todas as religiões antigas, povo por povo: Egito, Babilônia, Índia e outros, e pressiono os alunos a atreverem-se: “Diga que impressão lhe transmite essa civilização, esse painel histórico, esse panteão”. E é incrível como as pessoas vão começando a ficar cada vez mais sagazes à medida que vão ousando desenvolver sua visão simbólica da vida. Em um determinado momento, como já dito, não sei se estou ensinando ou aprendendo.

Os contos de fadas

Recomendo, como uma boa prática, que se treine a compreensão simbólica com os contos de fada, pois são uma simplificação dos argumentos míticos, uma vez que, quando perdemos a visão simbólica, os mitos em sua versão original passam a ser vistos como desprovidos de sentido ou até cruéis e pouco educativos.

Os contos de fada, para quem nada entende de seu simbolismo, guardam, em grande parte, um trunfo: possuem uma vertente moral. Quem não entende a razão dos cabelos da branca de neve serem negros como o ébano da janela, sua pele, branca como a neve e os lábios, vermelhos como o sangue; quem não entende a razão dos anões serem sete ou por que ela adormece e é despertada pelo príncipe, pelo menos, ao final, sabe que as meninas boazinhas terminam felizes. É edificante moralmente.

Mas, para quem quer saber um pouco mais, ele guarda muitas coisas. São alguns dos princípios da alquimia medieval que estão ali: a *Obra em Negro*, a *Obra em Branco*, a *Obra em Vermelho*... O sete como número simbólico por excelência... Há muita coisa por trás das aparências. Então, estes contos velam e revelam ao mesmo tempo e, assim, ficam preservados ao longo dos tempos com a sua face externa e interna.

As referências de Dante

Quanto à obra que nos propomos a abordar, *A Divina Comédia*, é preciso ter em conta a grande erudição de Dante Alighieri. Quando lemos a Divina Comédia, a quantidade de recursos culturais necessários para conhecer tantos personagens históricos e míticos e o grande número de citações é considerável.

Parece-me impressionante como, às vezes, há obras mais recentes, como *O Fantasma da Ópera*, de Gaston Leroux, ou *Pinocchio*, de Carlo Collodi, que são fortemente simbólicas, e as pessoas não se dão conta dos desafios presentes nas entrelinhas. *Pinocchio* é rico em simbolismos antigos e tradicionais, como o de ser devorado por uma baleia. *O Fantasma da Ópera* é o velho e atemporal símbolo da máscara, a *persona* grega, um argumento simbólico muito recorrente.

No caso de *O Fantasma da Ópera*, vemos o belo musical no cinema e ficamos inimigos do fantasma, torcendo por Raoul, sem entender as chaves por detrás desses personagens. Raoul é o fator que está ali para distrair Christine — que vem de Christus, Crestus, aquela que está crucificada entre dois mundos —, a fim de que ela fique no mundo superficial, ignore o chamado dos porões da sua própria identidade — de onde o fantasma, sua essência, que lhe parece assustadora, a chama. E torcemos pelo Raoul!

Há muita coisa em nossa vida que deixamos de perceber e assimilar por termos perdido essa leitura simbólica. Deixamos de aprender com a nossa própria vida e deixamos de receber essa herança dos povos que nos precederam.

Existe um documento interessante, uma carta que Dante escreve para o seu amigo Cangrande Della Scala, que diz o seguinte, ao referir-se à *Divina Comédia*: "O sentido desta obra não é simples; ao contrário, ela é 'polisensa', pois outro é o sentido literal, outro daquele das coisas significadas."

Reflitamos sobre a carta de Dante a Della Scala e sobre o que ela diz: as realidades expressas têm outro sentido, que deve ser procurado no campo dos significados, das ideias que transcendem a literalidade do texto. Esse é o testamento que, ao início deste trabalho, pedimos a Dante, autorizando-nos a crer que *A Divina Comédia* guarda muito em suas entrelinhas.

Ouso dizer que não é um poema que traga símbolos, é um símbolo por si só. Embora haja símbolos isolados, o poema, como um todo, é um grande símbolo. De forma semelhante à mensagem que outras grandes narrativas da história da humanidade trouxeram, como o próprio Mito da Caverna de Platão, é um símbolo da construção do homem rumo à sabedoria, rumo à Unidade, rumo a Deus.

Em outra passagem de *A Divina Comédia*, no meio do livro, em pleno inferno, Dante declara: "Oh vós, os que tendes são entendimento! Reparai na doutrina que se oculta sob o véu destes estranhos versos!" Mais uma forma de repetir, em outras palavras, o atemporal desafio da esfinge grega: "Decifra-me ou devoro-te!"

Mas, ainda assim, durante gerações, os leitores passam e ignoram estes contundentes convites.

Uma leitura entre muitas possibilidades

Considero importante reiterar o que foi dito no início: que este trabalho é uma proposta de leitura simbólica, não uma verdade absoluta. Afinal, em nossos dias, há uma crítica muito significativa em relação à leitura simbólica do que quer que seja.

Recordo-me de que, em uma ocasião em que ministrava uma conferência sobre mitologia grega, propus, de forma simples, algo quase óbvio: que Cronos poderia ser interpretado como o "tempo". Para minha surpresa, recebi uma crítica bastante intensa de uma pessoa presente, que me disse que eu nunca poderia dizer que Cronos simbolizava o "tempo" ou outra coisa qualquer, pois a mitologia grega era antropomorfa, e ele era um Deus. Tive que contornar a situação da forma mais diplomática que pude, ao dizer: "Correto; então, segundo a minha visão, Cronos simboliza o tempo. Segundo a sua, representa outra coisa. Está certo assim?"

Logo, não discuto sobre situações desta natureza, pois vivemos uma tendência à literalidade que converte qualquer tentativa de interpretação em heresia, ainda mais quando se trata do Orfismo grego. E isso dificulta bastante não só o nosso contato com a literatura, mas também com obras de teor sagrado, pois, dentro do contexto da visão religiosa extremada, interpretar uma obra de teor sagrado é erro grave e imperdoável.

Sobre a versão

Circulam hoje diversas versões de *A Divina Comédia*, mas julgo conveniente informar qual versão utilizei para os meus comentários, que é a seguinte: Dante Alighieri, *A Divina Comédia*, edição bilíngue, tradução e Notas de Ítalo Eugenio Mauro, Editora 34. Eu já tive a oportunidade de fazer conferências sobre este livro e sempre tento fazer uma exposição que não conte a história, pois não pretendo oferecer um resumo que substitua a leitura do livro.

Gosto deste que assina a tradução da Editora 34, um ítalo-brasileiro do século passado. A apresentação é muito conveniente, pois temos em um lado da página o poema em português, e no outro, o poema em italiano.

Mesmo que não dominemos o italiano, temos que convir que não se trata de grego ou de russo, mas de uma língua neolatina. Ocasionalmente, na comparação com o português, podemos entender e decodificar a forma original e vislumbrar a beleza dos versos, que são de uma perfeição notável.

Voltaire, um dia, disse que valia a pena aprender latim nem que fosse apenas para ler Virgílio, pois ninguém que não lesse em latim saberia a grandeza de Virgílio. Com certeza, o mesmo se aplica ao italiano em *A Divina Comédia.*

A NUMERAÇÃO

Sabemos que o livro é todo cheio de números significativos, é a primeira coisa que aprendemos. São três livros: *Inferno*, *Purgatório* e *Paraíso*, cada um deles com 33 capítulos, ou cantos[1], totalizando 14.233 versos, todos hendecassílabos, ou seja, cada linha de verso tem onze sílabas. Ao todo, cada terceto vai dar 33 sílabas; ou seja, mais uma vez o número três e os seus derivados, sobretudo o nove, que é uma verdadeira obsessão de Dante ao longo de toda a obra.

É curioso percebermos na leitura do poema que cada um dos três livros termina com a palavra estrela. E essa palavra é um referencial muito interessante, como a estrela dos marinheiros, símbolo de direção. É como se ele mostrasse de uma maneira subentendida, para bons decodificadores, que o que ele pretendia era dar uma estrela, uma luz no fim do túnel, algo que nos permitisse atravessar esses três mundos, que talvez não estejam apenas depois da morte, como parece superficialmente; talvez estejam mais próximos do que imaginemos. São curiosidades interessantes para se levar em conta.

1 O livro *Inferno* tem um canto a mais, que serve de introdução.

Quem lê Shakespeare em versos, por exemplo, percebe que ele chega ao cúmulo de colocar aliterações nos versos para sugerir os sons dos objetos de ele está falando. Não sei se conhecem o tradutor brasileiro Ivo Barroso; ele ficou longos anos de sua vida traduzindo um conjunto de sonetos de Shakespeare de modo a conservar esses requintes, esses detalhes. Há um momento de um soneto de Shakespeare em que ele fala do tempo e gera aliterações que sugerem o passar dos ponteiros de um relógio. Na tradução de Barroso, assim fica: "O tempo tece um triste e tardo toque."; podemos ouvir tic-tac, tic-tac...

A IMAGEM E O SIGNIFICADO

A imagem da próxima página é baseada nos desenhos de Albert Ritter[1] e Helder da Rocha[2]. Ela reproduz a geografia da Terra segundo Dante e mostra, basicamente, a história de Lúcifer, que mergulhou lá de cima, empurrou a terra e gerou a montanha do purgatório. E, além disso, há o paraíso terrestre e o paraíso celeste.

A imagem também nos mostra que a ideia do paraíso está acima de tudo isso, como se fosse uma estrela. Ou seja, uma estrela que puxa o homem desde o abismo, lá do seu mergulho mais profundo até o mais elevado que possa chegar. Constantemente faço essa metáfora de que a condição humana possui abismos, mas também picos do Himalaia. E nós ficamos sem fé na humanidade quando só olhamos para os abismos e não percebemos os picos do Himalaia.

---

1 Autor de *Dantes Werke "Der unbekannte Dante"*. Gustav Grosser: Berlim, 1921.

2 Autor do site *www.stelle.com.br*, com traduções em prosa e arte original do mesmo para *A Divina Comédia*.

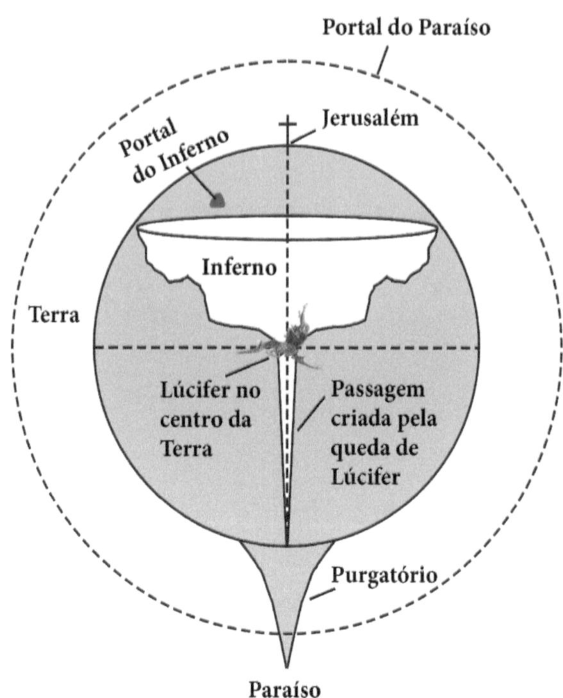

Existem seres humanos que fizeram coisas prodigiosas, belíssimas, que foram uma inspiração para a humanidade. Da maneira como a gente vê esse desenho, a impressão que me dá é a de que Dante Alighieri queria mostrar, sem que percebamos, que, ao lutar pela superação dos abismos humanos, estamos começando a nos dirigir à escalada dos picos do Himalaia, porque lá já é a montanha do purgatório.

Enfim, apesar de o inferno ter aquele recado de que se deve perder as esperanças gravado em sua "porta", segundo o livro, ao concatenar o mundo dessa forma, ele nos mostra que sempre há esperança. Então, é um mergulho na nossa essência. Isso me lembra a *Obra em Negro* dos alquimistas. Aliás, Dante tem algumas coisas que parecem fazer referência à alquimia, inclusive as cores que ele gosta de usar: o preto, o branco, o amarelo, o vermelho são cores das diferentes fases da obra alquímica: nigredo, albedo, citrinitas e rubedo.

Então, esse mergulhar na escuridão do inferno — cruzar o Cócito, rio de Hades, alcançar o ápice do inferno, chegando diante do próprio demônio, e conseguir passar por esse túnel escuro para adentrar na montanha do purgatório e, depois disso, chegar ao paraíso terrestre e ao empíreo — é uma caminhada ascensional, é uma continuidade. Portanto, quando olhamos para esta figura, vemos esperança, ainda que a frase do pórtico inicial a negue.

A tradição budista, por exemplo, diz que quando um único homem desce aos porões, aos infernos da consciência, algo de cada um de nós desce com ele; quando um único ser humano eleva-se aos ápices da existência, algo de cada um de nós sobe com ele. Não progrediremos se não resgatarmos todos aqueles que caíram nos poços, nos porões, nos infernos da consciência.

Trata-se de uma linguagem de solidariedade que me evoca essa imagem dos mundos de Dante: um mergulho no nosso mundo interior, um confronto, na altura da *Obra em Negro*, com todos os nossos "animais selvagens", todos os nossos fantasmas, e a aplicação da terapêutica correta, porque "castigo" só tem sentido como terapêutica. Platão diz, no diálogo *Górgias*, que a pior coisa que pode acontecer a alguém que comete um erro é ficar impune, pois ao não ser corrigido, a tendência é a de que se agrave. Uma vez punido de uma maneira justa, o caráter humano pode ser restaurado e há esperança de recuperação.

Platão trata de algo que me parece bastante sensato: a justiça não é vingativa, e sim restaurativa. O castigo vem como uma forma de restauração para que o homem saia desta noite negra, desta "noite escura da alma", a mesma de que falava São João da Cruz em seus poemas místicos; pois esta *Noite Escura da Alma* lembra muito o Inferno de Dante.

Alguns símbolos comuns

Como cada ponta da trindade gera o quatro, nascerá um novo número sagrado, que é o doze. Vale prestar atenção nos doze apóstolos de Cristo, nos doze Cavaleiros da Távola Redonda, nos doze signos do Zodíaco...

Outro símbolo importante na história da humanidade é a espiral, que eleva o ser humano por meio de experiências e aprendizados, e ele sobe a montanha. É do símbolo da espiral que nasce a nossa árvore de Natal, por exemplo. Esse cone, que é representado em símbolos celtas como a cornualha e a cornucópia, é um símbolo pré-cristão que se mesclou com tradições cristãs pelo sincretismo.

Ainda sobre a subida ascensional do cone e a árvore de Natal, é interessante saber a razão pela qual colocamos a estrela de cinco pontas lá no alto. Imaginem que tenhamos doze zonas de experiências humanas a serem cumpridas; a terceira geração olímpica grega mostra isso bem claramente: a zona de Afrodite, de Ártemis, seguindo pelos demais deuses desta geração, cada um deles representando um atributo humano. Digamos que eu passe por Afrodite e aprenda algo do amor:

dois por cento. Isso faz com que a vida gire e eu passe por outros deuses e aprenda sobre o "reino" deles: a pureza de Ártemis, a compaixão de Deméter para com a vida, e assim com todos os demais. Quando o círculo faz mais uma volta, passo novamente por Afrodite e aprendo, agora, cinco por cento do que ela tem a me oferecer (por exemplo). Isso não significa que estou andando em círculos, mas, sim, traçando uma espiral, cada vez mais me aproximando do centro e do alto, que é o ápice do cone ou da pirâmide, que é a Unidade, o próprio Deus. É o Uno de onde tudo veio e para onde tudo retorna. A espiral afunila-se e, quando chego lá em cima, vem a estrela de cinco pontas.

Lembrem-se do Homem Vitruviano: é a estrela de cinco pontas! É o pentalfa de Pitágoras, em que o quinto elemento, a consciência humana desperta, impera sobre os quatro reinos inferiores: terra, água, ar e fogo, que representam os corpos físico, energético, emocional e mental concreto. Nasce um quinto elemento de valores, de virtudes e de sabedoria que impera e domina os quatro. Também o símbolo do centauro Quíron — o humano desperta e domina o quadrúpede, o eu animal.

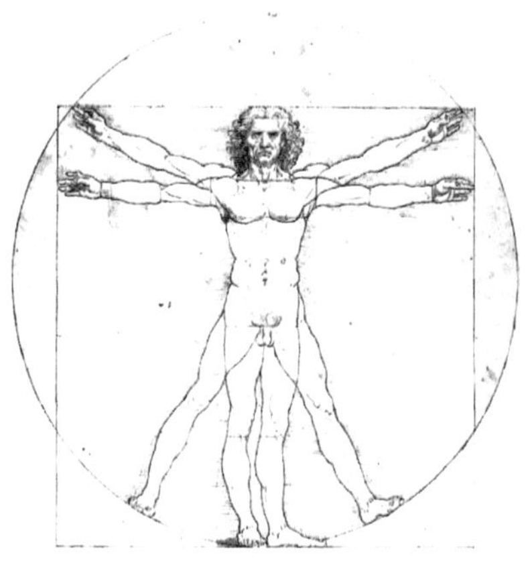

O Homem Vitruviano.
Leonardo Da Vinci, c. 1490.

Logo, se não aprendermos nada com a vida, não realizamos a espiral ascensional. Ficamos girando em círculos no mesmo lugar. Só realizamos a espiral se aprendermos a cada passo; assim, nossa trajetória começa a espiralar, concentrar e subir. Por isso também, no final do arco-íris, aqueles que juntavam as sete cores e sintetizavam toda a sabedoria do Universo encontravam uma cornucópia, o cone, a espiral, repleta de riquezas.

À medida que subimos, quando chegamos ao ápice da sabedoria, estabilizamos. Chegamos ao nosso objetivo. A própria *Divina Comédia* é rica nessa representação de que devemos escalar um cone, uma montanha espiralada, para chegar ao alto e estabilizar. O empíreo não é mais uma escada, ele é estável, apesar dos círculos angelicais a sua volta.

Vejam que coisa interessante a imagem a seguir; este símbolo é o Faravahar (ou Ferohar), da cultura persa. Ele apresenta três momentos: a evolução (linha vertical), a estabilização (linha horizontal) e o encontro, lá em cima, do círculo da vida, do empíreo, do divino. A forma do Faravahar como um todo lembra a chave Ankh egípcia, com os mesmos três estágios. A subida e a estabilização levam ao empíreo, à unidade, ao Ser que originou tudo isso. O Tau egípcio também guarda o mesmo simbolismo.

O Faravahar. Autor do desenho: Shaahin.

A imagem do monte sagrado grego, o Olimpo, também presente em outras civilizações, como o monte Sinai e o Meru, guarda o mesmo significado. Trata-se de uma montanha de difícil escalada; ao chegarmos lá em cima, alcançamos a estabilidade, o empíreo. Ali, encontramos nada menos do que o Olimpo, com Zeus aguardando seus convidados na porta.

Também podemos falar da Babilônia e seus Zigurates, que espiralam em direção aos céus; lá em cima, há o altar e o fogo, a chama do fogo que representa o espírito, a unidade, a luz; o Ormuz, no caso dos persas; Deus, a Unidade.

Ou o monte Meru, na Índia. Há uma divisão em três mundos para subir este monte sagrado indiano. E podemos ver, em seu topo, algo que representa aquela passagem, a faixa das estrelas presente antes de chegar ao empíreo. E, lá em cima, podemos ver o Parabrahman, que é o Uno.

Acima de Parabrahman, vemos três pontas, como se fosse a união de três elementos da Trimurti: Brahma, Vishnu e Shiva, absorvidos em um só.

E ainda poderíamos falar do Valhalla, no alto do Asgard escandinavo. Ao subirmos, encontraremos Odin no seu banquete servido pelas Valquírias.

Terminaram as montanhas sagradas? Não. Além da subida para sair da caverna no famoso *Mito da Caverna* platônico, ainda há pelo menos mais uma. Não se trata propriamente de uma montanha, mas da escadaria alquímica, ou seja, da *Obra em Negro*, *Obra em Branco* e *Obra em Vermelho*. Não podemos deixar de observar que Dante, com recorrência, cita essas três cores; ele, que viveu no *Trecento* (século XIV) — época em que a alquimia medieval e a arquitetura real estavam muito presentes —, dificilmente desconheceria qualquer referência a esta tradição.

O vermelho, muito utilizado em *A Divina Comédia*, está associado, neste contexto, ao ódio, à raiva, à cólera a ser queimada. Aí vêm os castigos, do fogo ao gelo, que são a forma de queimar o ódio. O amarelo de Dante está associado à indiferença, que deve ser açoitada com o vento e com a chuva. E o negro, para Dante, está associado à ignorância, que deve ser cortada por meio de lâminas ou com "mordidas na nuca", em uma das famosas passagens da obra.

Vejam que interessante o próximo símbolo. Trata-se de uma lâmina do *Mutus Liber*, que é o livro mudo da alquimia medieval, uma preciosidade. Curiosamente, uma lâmina gerada em uma data bem posterior à época de Dante Alighieri.

Pirâmide de leões. *Andreas Libavius, 1606.*

Nela, podemos ver dois leões, um vermelho e um branco (na versão colorida), soltando fogo pelas ventas e uma chama ou poeira no meio deles. E, no início de *A Divina Comédia*, podemos ver três animais: a pantera, o leão e a loba, representando a luxúria, a soberba e a avareza. Sabemos que Dante usa passagens como estas para atingir o clero e a nobreza de cidades como Florença, mas talvez não seja apenas esse o seu simbolismo; ele também fala de coisas que são para além do seu tempo. São símbolos humanos que dão este toque de mistério e de atemporalidade às coisas. É curioso como aquilo que transcende o tempo provoca uma paixão que nunca arrefece.

As obras que têm esse toque meio misterioso dos grandes criadores da história seduzem o homem em todo tempo histórico, porque, de alguma maneira, ainda que inconsciente, o homem percebe que estão falando dele. E essa identidade faz com que elas sejam sempre atraentes, não são superadas.

Salvo como informação histórica, pouco interesse despertaria hoje o relato de conflitos de guelfos brancos com guelfos negros e com gibelinos e papas, no século XIV. Mas a camada atemporal de mistério que está por trás disso, que fala de nós mesmos, faz com que a narrativa seja eternamente atraente. Shakespeare, por incrível que pareça, ainda lota mais os teatros ingleses do que qualquer autor contemporâneo da moda. Somos mais intuitivos do que imaginamos. Sabemos quando estão falando de nós.

Sobre o nome da obra

Sabemos que a palavra "divina" atribuída à obra veio da pena de Boccaccio. A palavra comédia, no contexto medieval, era atribuída àquela história que começava mal e terminava bem — o oposto do que ocorre na tragédia. Não sei se essa fonte de informações é muito segura. Então, sempre vou atrás da etimologia das palavras envolvidas.

Um bom dicionário etimológico levanta as raízes da palavra "comédia" até o protoindo-europeu.

Comédia viria, então, do grego "*Komos*", que significa "procissão vitoriosa e canção de triunfo", mas, no indo-europeu, a origem seria "proclamar solenemente". E a continuação, "odé", que é "canção", vinculada à raiz protoindo-europeia, resulta em algo como "cantar ou proclamar em versos".

Parece que Dante tinha a preocupação de tornar o seu poema bem musical, para ajudar a memorizá-lo, a cantá-lo, no sentido de apresentá-lo de maneira melodiosa.

Então, uma canção ou proclamação de um triunfo em verso. Triunfo sobre o quê? Qual é o triunfo se o cidadão que está no Inferno ficará lá eternamente? Não alcançará sequer o

Purgatório, ainda menos o Paraíso. Ou seja, qual foi o triunfo? O que torna o final superior ao início?

Talvez, se pararmos para imaginar que se trata de um único ser humano que está fazendo essa trajetória pelos três mundos, e que o que fica eternamente no Inferno são os nossos defeitos, e não nós, isso faria sentido. Para essa máscara disforme que utilizamos, não há esperança, mas para nós, sim. Se não nos despirmos dela, não subiremos a montanha.

Se considerarmos que é a consciência de um único ser a atravessar tudo isso, podemos dizer que "é um processo", e um processo vitorioso, triunfante ao final.

O gráfico sobre as provas que veremos ao final do capítulo é baseado na cronologia proposta por P. H. Wicksteed[1]. Ele resume maravilhosamente o Inferno, um trabalho tão complexo em todos os seus meandros.

Mas podemos ver que todos os defeitos mostrados são comuns na nossa vida, e o Inferno apresenta provas para que possamos polir essas imperfeições. Essas provas, algumas vezes, podem ser vistas como um castigo, e a vida, uma espécie de inferno. Portanto, não prosseguiremos se não deixarmos a máscara no meio do caminho. Quem não tem esperança de redenção é a personalidade disforme que usamos como capa em um dado momento, como a máscara em nosso rosto quando atravessamos o umbral dos infernos, com sua larga e enorme porta.

Aquela máscara terá de ser deixada no meio do caminho. Nunca me esqueço de uma passagem egípcia do *Livro das Pirâmides* que mostra Osíris caminhando rumo ao Amenti após a sua morte; o crocodilo Sobek coloca-se no caminho e

---

1 WICKSTEED, P. H. The Chronology of the Divina Commedia. Em: *Aids to the study of Dante*. Nova Iorque: The Houghton Mifflin Press, 1903.

diz: “Eu não te deixo passar. Terá que me pagar um tributo”. E Osíris dá a ele uma perna; Sobek devora-a para que possa continuar o caminho em direção ao Amenti, e Osíris prossegue pulando em uma única perna. Então, é como se fosse uma mutilação cerimonial que os mitos têm: algo nosso fica para trás. Só que o que foi deixado não era nosso, era uma máscara; para ela, não há esperança.

Então, podemos ver que os processos de castigo e purificação infernal lembram muito aquilo que a Índia coloca como um processo cármico de limpeza. A cada ação, há uma reação — que não é vingativa, é redentora— que bate nestas arestas pontiagudas do homem para poli-las. Portanto, “Não passarás”. Como? “Da forma que agora estás, não passarás.”

Período	Pecadores		
28/3 ou 8/4, 6ª feira	x		
6ª feira, tarde	x		
	x		
	Virtuosos anteriores a Cristo, crianças não-batizadas		
	Luxuriosos	Incontinentes	
	Gulosos		
Meia-noite 6ª feira / Sábado	Avarentos e pródigos / Iracundos, soberbos e preguiçosos		
Sábado, 4h-6h	Hereges		
	Homicidas, tiranos, predadores / Suicidas, perdulários / Blasfemos, usurários, sodomitas	Violentos	Contra o próximo / Contra si próprios / Contra Deus, a natureza e a arte
	Sedutores e alcoviteiros / Aduladores	Fraudulentos	
	Simoníacos		
Sábado, 6h52	Adivinhos, astrólogos, bruxas		
Sábado, 7h	Prevaricadores		
	Hipócritas		
	Ladrões		
	Conselheiros de fraude		
	Semeadores de escândalos e cismas / Falsários de moedas, pessoas e palavras		
Sábado, 18h			
	Traidores dos parentes / Traidores da pátria	Traidores	
	Traidores dos hóspedes		
	Traidores dos benfeitores		

Cantos	Cena
I	Introdução
II	Introdução ao *Inferno*
III	Vestíbulo do *Inferno*
IV	Primeiro Círculo (Limbo)
V	Segundo Círculo
VI	Terceiro Círculo
VII-VIII	Quarto/Quinto Círculos
IX-X-XI	Portas de Dite / Sexto Círculo
XII ao XVII	Sétimo Círculo: Primeiro/ Segundo/Terceiro Vale
XVIII	Oitavo Círculo: Primeiro/Segundo Fosso
XIX	Oitavo Círculo: Terceiro Fosso
XX	Oitavo Círculo: Quarto Fosso
XXI-XXII	Oitavo Círculo: Quinto Fosso
XXIII	Oitavo Círculo: Sexto Fosso
XXIV-XXV	Oitavo Círculo: Sétimo Fosso
XXVI-XXVII	Oitavo Círculo: Oitavo Fosso
XXVIII-XXIX-XXX	Oitavo Círculo: Nono/Décimo Fosso
XXXI	Descida ao Nono Círculo
XXXII	Nono Círculo: 1ª Esfera (Caína) / 2ª Esfera (Antenora)
XXXIII	Nono Círculo: 3ª Esfera (Ptolomeia)
XXXIV	Nono Círculo: 4ª Esfera (Judeca)

O Purgatório

Quando somos reduzidos quase que à nossa essência, quando desperta a consciência e as máscaras ficam para trás, passamos ao Purgatório. Enquanto elas não caem, estamos no Inferno. Há que se entender uma coisa bastante relevante, e o livro fala disso o tempo todo: a diferença entre Inferno e Purgatório é que no Inferno as pessoas não estão arrependidas; no Purgatório, sim.

Arrependimento é sinônimo de tomada de consciência. Tomei consciência de que esta capa disforme não sou eu. Esta forma me é estranha, como diz Platão no mito do Glauco marinho: ele diz que o personagem Glauco caiu no oceano e um monte de animais marinhos grudaram nele. Depois que o corpo foi recuperado, ele estava tão deformado que não se reconhecia mais seu corpo como humano. As águas são símbolos do mundo material: a horizontalidade das águas está associada à matéria. Tanto assim é que as deusas-mãe, em várias tradições, têm nomes relacionados com a palavra ou a ideia do mar. Maya, Maria, a própria Isis, que são nomes relacionados ao elemento água, fazem referência ao mundo material, à Grande Mãe, que é a própria natureza manifestada, a natureza material.

Quando, em um determinado momento, o homem triunfa em sua busca interior, como no caso do Ciclo Arturiano, vemos a espada Excalibur elevar-se acima das águas. O cisne, o Hamsa indiano, navega sobre as águas, ou seja, ele se eleva sobre a horizontalidade da matéria.

Então, a diferença entre inferno e purgatório é que o homem foi capaz de elevar-se sobre essas suas capas materiais, e essas deformidades que se agregaram a ele no mundo material foram deixadas para trás. Ele emerge nesse novo plano disposto à purificação consciente, disposto a despir as suas capas e deixá-las no caminho para chegar desnudo lá em cima, no paraíso terrestre, como Ulisses, na Odisseia, ao despir seu véu de Ino (ou Leucoteia).

Ulisses perde homens, embarcações, as roupas do corpo, perde tudo, até que a deusa Ino/Leucoteia dá a ele um véu com que ele cobre o próprio peito, apenas isso. Quando ele o faz, protege apenas o seu coração e consegue vir à tona e ver a ilha dos Feácios, que o levarão até Ítaca.

Nessa hora, depois de perder tudo, ele é capaz de emergir e encontrar o seu caminho para Ítaca, a Brilhante, preservando apenas o seu coração. Em suma: a sua visão pura, a sua mente mais elevada, a sua visão simbólica desperta, tudo isso resumido no simbolismo do coração, que é sempre o símbolo da essência humana. Despindo-se de todas as aparências e preservando apenas a sua essência, ele alcança sua redenção.

Embora o purgatório seja muito parecido, o inferno nada mais é do que uma luta contra os defeitos humanos, uma luta contra essas coisas que grudaram em Glauco dentro do mar.

E então, a lei do *karma* indiano quase que mostra o inferno de Dante com imagens equivalentes, pois as provas necessárias para limpar determinadas arestas mais pontiagudas são muito duras, como as pedras de amolar. Se assim não o fossem, não seriam capazes de polir as imperfeições humanas que ocultaram a sua essência.

Em *O Profeta*, livro do grande poeta libanês Khalil Gibran, observem o que ele fala sobre o amor: "Ele os mói até vos tornardes macio. Ele vos descasca..." Enfim, o amor é duro com o homem; molda-o até que ele adquira a consistência necessária para ser cozido no fogo sagrado e fazer o pão no sagrado banquete de Deus. Vejam se o amor de Khalil Gibran não é um processo "infernal"... O que ele diz é: não pense que o amor é lânguido e frágil! Ele vem para te purificar, para que te tornes o pão sagrado! Lembra-nos muito as duras provas do inferno de Dante que nós costumamos tomar literalmente.

O LITERAL E O SIMBÓLICO

Isso quer dizer que não existe a literalidade na obra analisada de Dante? Pode até ser que ambas as coisas sejam verdadeiras, literalidade e simbolismo, pois isso é perfeitamente possível. Helena Blavatsky, pensadora do século XIX, diz que a maioria dos escritos simbólicos tem três dimensões: o histórico, o mítico e o místico. O histórico é o literal que o autor pretende que a pessoa conheça, pois realmente aconteceu algo igual ou similar ao descrito. O místico é o aspecto do exemplo moral que o protagonista dá àqueles que o seguem — é o caso de Virgílio, do próprio Dante e de Beatriz —,é o aspecto simbólico que está por trás do que é dito, mas que não elimina os outros dois.

Digamos que Dante quisesse estruturar na cabeça das pessoas uma imagem religiosa, até então não tão nítida, de como é o inferno, o purgatório e o paraíso, mas, como ele mesmo insinua, com certeza sua obra não se resumia a isso, não se detinha aí.

Costumo falar sobre um livro que é inspirado no Egito, denominado *O Caibalion*. Trata-se de uma obra de 1908 inspirada na *Tábua de Esmeralda* e no *Corpus Hermeticum*, duas obras da tradição mais antiga do Egito. Uma das leis expressas em *O Caibalion* diz: "O todo é mente. O Universo é mental": trata-se da lei do Mentalismo. Curiosamente, por aquela época de Dante, no Renascimento italiano, já começavam a aflorar por aquela região alguns documentos que vinham tanto do mundo persa quanto do mundo egípcio.

Sobretudo, emergiam documentos na Itália; era comum que fosse por ali que tais obras entravam na Europa. Tive a oportunidade de realizar um levantamento histórico sobre a Tábua de Esmeralda e de como ela partiu do mundo egípcio, foi transcrita para a Biblioteca de Alexandria e, depois, propagou-se mundo afora. Não sei dizer se Dante Alighieri conhecia alguma coisa de origem egípcia, mas sei dizer que, anos depois, uma das primeiras coisas que nosso querido Marsílio Ficino traduz é exatamente o *Corpus Hermeticum*.

Havendo ou não, por parte de Dante, o conhecimento dessas fontes, o fato é que é muito provável que haja aí uma ação do Princípio da Correspondência. Tudo que é narrado em *A Divina Comédia* está acontecendo dentro de Dante, e não apenas fora. Os princípios todos — o inferno, o purgatório, o paraíso — são provas internas dele rumo ao seu próprio empíreo, rumo à sua própria essência, ao seu centro de identidade, ali onde ele e o seu mito encontram-se.

O Taoísmo tem uma passagem linda relacionada ao *Wen Tzu* que diz que o homem deveria ser como um cano de bambu, por onde o sopro do espírito entra e sai ar puro do outro lado. Se o homem obstrui-se com imperfeições e vícios, o sopro do espírito entra e sai pó do outro lado; a luz do espírito entra e lança sombras do outro lado. Então, o homem deveria ser puro; quando trilha o caminho de trabalhar sobre os defeitos, é capaz de trazer o seu mito à vida. Todos temos uma vida mítica latente; ao nos purificarmos, passamos a refletir em nossa vida perfeitamente aquilo que a natureza espera de nós, que o mito criador (ou o mundo das ideias de Platão) espera de nós. Então, é muito provável que esse processo de Dante estivesse acontecendo dentro dele e fizesse referência não só à morte, mas à vida, ou seja, ao processo de superação das provas da vida.

Ensinamentos da Alquimia

Trataremos brevemente de algumas referências que são trazidas de dentro do mundo da alquimia medieval. Essa tradição trabalha com combinações dos quatro elementos para representar determinados eventos que ocorrem na trajetória humana. Na *Obra em Negro*, vemos uma escuridão assoladora e um mundo coberto de lama. E os elementos combinam-se: lama é mistura de água com terra. A água é o elemento energético; a terra, o elemento físico. Nesta arte, sempre se compara terra, água, ar e fogo com planos ou corpos físico, energético, emocional e mental do homem. É como se esses campos da natureza humana se combinassem e alimentassem determinados comportamentos.

Assim, a alquimia indica os problemas e as adversidades humanas com esses símbolos, a lama e a chuva, os quais Dante usa também. Chuva nada mais é do que água celeste, água com ar, ou seja, tem algo da inquietude das nossas emoções querendo expressar-se por meio das nossas energias. Já a lama é terra com água, nossos impulsos mais instintivos e grosseiros dominando nossas energias.

Às vezes, as nossas angústias e ansiedades são manifestações de uma necessidade de despertar por dentro, despertar para a nossa essência, que não encontram como se expressar. Em algumas ocasiões, as nossas tristezas são angústia existencial, e nós não a compreendemos. Isso é uma forma de chuva; essa chuva pontiaguda que fere a terra é a água celeste.

Às vezes, gelo e calor são associados ao fogo como forma de queimar, porque o gelo queima tanto quanto o calor excessivo. Cortes e mutilações são a mistura de terra com fogo, que é como se forja uma espada. Aliás, existem mitos alquímicos que falam exatamente da forja da espada do alquimista. Mircea Eliade, filósofo e escritor do século XX, escreveu um livro bastante interessante, intitulado *Ferreiros e Alquimistas*, que mostra aquele processo de bater o metal, colocá-lo no fogo e depois devolvê-lo para a água, para que ele seja uma lâmina de boa têmpera; a lâmina bem temperada é um símbolo da vontade humana, é Excalibur, capaz de atravessar uma rocha, e nada pode detê-la. Então, os cortes e mutilações estão associados à lâmina, associada à terra; são os metais (terra) levados ao fogo.

Dentro da mitologia alquímica ocidental, não se separa o quinto elemento, metal, visto como separado apenas na simbologia alquímica chinesa.

Vocês sabem o que é cravar uma espada da ponta da lâmina até a empunhadura dentro de uma rocha? O quanto isso é humanamente impossível? Muito se fala de São Galgano, um cavaleiro romano que se converteu ao cristianismo e cravou sua espada na pedra, na famosa Rotunda de Montesiepi, Itália, onde está até hoje. Sua história estaria relacionada ao mito de Gawain, do círculo do Rei Arthur.

Excalibur, a espada cravada na pedra, é símbolo da vontade humana bem desenvolvida. Podemos encontrar símbolo semelhante também na América do Sul: o cutelo de Chavin de Huantar, no Peru, nada mais é do que um facão enorme cravado em uma grande pedra, dentro de uma construção antiga. Trata-se de um símbolo atemporal: o símbolo da vontade bem temperada que nenhuma matéria é capaz de deter. Onde há uma vontade, há um caminho.

Lembrem-se das virtudes que Dante toma de Platão — a prudência, a temperança, a coragem ou valor e a justiça. Esses quatro elementos terrestres da República de Platão também são contemplados nos tratados alquímicos. Dante usa castigos do Inferno e do Purgatório como corretivos da intemperança, da debilidade, da imprudência e da injustiça.

O LIMBO FILOSÓFICO

Um ponto que nos chama a atenção em *A Divina Comédia* é a história do limbo. Simplesmente a nata da Filosofia antiga está toda lá. Os homens mais maravilhosos do ofício filosófico situam-se neste limbo. Somos tentados a pensar: "Que estranha lógica este Deus segue! Como é que se toma um homem como Platão, que falava o tempo todo do Uno, de Deus, e mostrava um caminho até Ele, e envia-o para o limbo? Ou seja, ele não tem possibilidade de um encontro com Deus? Como assim?"

Proponho como ponto de partida, como já tratamos, considerar as três etapas da *Comédia* como algo que diz respeito à vida, e não apenas à morte: é como um processo interno do homem para combater a sua própria ignorância por meio da dor. Ali impera a lei do *karma* indiana: ação e reação. Se alguém foi traidor, foi enganador, foi trapaceiro, seu lugar no inferno é certeiro, não é assim? É uma tomada de consciência por intermédio da dor, a que ocorre com a maioria da humanidade.

Mas estes filósofos tinham uma outra forma de tomada de consciência. Só existem duas possibilidades de o homem despertar e evoluir: por meio da reflexão, ou da dor. Por reflexão, ele traça uma caminhada na qual ele mesmo está sempre buscando respostas e caminhos para se tornar melhor, não necessita ser empurrado pela dor. Sua própria consciência impulsiona-o. A evolução pela dor consiste no chamado "método escada": quando estamos estagnados em um patamar, surge uma parede na nossa frente. Se, por comodismo, negarmo-nos a subir, ficamos batendo contra a parede, machucando-nos, até percebermos que a saída está em outro patamar. Este é o caminho do homem comum, mas não o do filósofo, que busca por vontade própria um caminho ascendente, sem pressa e sem pausa, ao longo de toda sua vida.

O *Dhammapada*, livro sagrado do budismo, diz que a dor é veículo de consciência para aqueles que só podem despertar com ela. Mas o caso de um homem que busca aperfeiçoamento constante, como os filósofos de que falamos, é bem diferente.

Pode ser que eles vivam em escarpas, em lugares montanhosos, ou seja, eles certamente têm defeitos a superar e um caminho a ascender, mas o escalam sem que ninguém "morda seus calcanhares", sem serem acossados ou pressionados. Atravessam suas escarpas sem nenhum flagelo, fazem suas caminhadas sem necessidade de tanta dor, apenas por uma demanda da própria consciência.

Assim, eles não entram nesta "comédia"; estão no limbo dessa necessidade de ter de bater para o cidadão andar, não precisam disso. Caminham por reflexão, embora estejam lá, subindo as suas subidas escarpadas, também. Isso não significa que estejam isentos de dificuldades, apenas não precisam ser empurrados pela dor para subir; estão fora do esquema humano comum, em uma espécie de "limbo", exterior ao drama humano.

Qualquer ser humano pode optar por este limbo, se quiser; trata-se de parar de esperar a vida empurrar e começar a crescer por uma necessidade de consciência. Isso é acessível a qualquer um que o queira: ninguém é dono do pensamento ou da filosofia, todo ser humano é um filósofo em potencial. Se alguém lhe disser que não pode ser um filósofo, peça a ele o testamento de Platão dizendo que só alguns podem exercer a filosofia e outros não. Filosofia é um potencial de todo humano, portanto, essa opção do limbo, de quem caminha por vontade própria, está acessível a todos.

A Fé Santa

Alguns estudiosos afirmam que Dante provavelmente pertenceria a uma escola chamada *Fé Santa*, mais literária, com alguns vieses políticos da época, mas que buscava mesmo era popularizar o conhecimento. Vale destacar o grande atrevimento de Dante Alighieri em usar o dialeto toscano em sua obra, ao invés do latim convencional; essa era uma linha seguida por esses *Rebeldes do Amor (Ribelle D'Amore)*. Inclusive, seu próprio filho parece ter seguido essa mesma linha em seus poemas. Comenta-se que os *Ribelle D'Amore* eram também pesquisadores e buscadores de conhecimentos, pois, naquela época, muitas obras não podiam ser lidas à luz do dia, porque eram proibidas pela Igreja.

Parece, então, que tinham algo em comum com aquilo que, bem depois, a Escola Platônica de Careggi, em Florença, desenvolveu ao máximo, incentivada por Cosme e Lourenço de Médici. Dizem que os *Ribelle* já estavam há tempos rastreando este tipo de conhecimento e já faziam leituras que naquele momento eram proibidas. Uma coisa parece certa: se há verdade nestas informações históricas, Dante, erudito que era, não deveria desconhecê-las; inclusive, não é improvável que possuísse os fundamentos da alquimia medieval.

O caso Francesca

Outro ponto importante: a história de Francesca da Rimini e Paolo Malatesta, que surge logo no início de *A Divina Comédia*. Há a parte externa à moral da história, que é o fato de eles se isentarem da responsabilidade pelo que fazem, culpando Lancelot e Guinevere, erro que tantos humanos cometem. Por não assumirem a culpa, não reconhecem o seu erro e não se arrependem; por isso, estão no Inferno. Essa é a explicação moral mais superficial.

Aqueles que conhecem a real história de Francesca da Rimini sabem que ela é apenas uma vítima. Para os apreciadores de ópera, há uma bela peça de Rachmaninoff contando a história de Francesca da Rimini. Mas o fato de o casal adúltero inspirar-se em Lancelot e Guinevere é uma bandeira icônica muito recorrente, pois trata-se de um dos símbolos mais conhecidos no círculo arthuriano, que faz referência ao caduceu de mercúrio greco-romano, de Hermes ou de Mercúrio. Trata-se de três círculos, um sobre o outro, em que há uma intersecção breve entre cada um e seu superior; o Graal Arthuriano também faria referência à união desses três mundos que compõem o homem: Nous, Psiquê e Soma.

Soma representa o corpo físico (ou somático); Psiquê é a parte psíquica, emocional, somada à mente concreta e prática do homem; Nous é o plano das essências (noético), da mente elevada, dotada de intuição e vontade, ou seja, o plano mais espiritual do ser humano.

A união desses três mundos gera *Camelot*, ou o ser encarnado neste mundo de desejos (*kama loka*, segundo a Índia). Quando Guinevere, que é a nossa psiquê, apaixona-se pelo seu corpo físico (Lancelot) e trai a sua essência, o seu eu espiritual (Arthur), rompemos com *Camelot*, rompemos com o Graal e Camelot decai. Arthur é levado de volta para Avalon, e só o puro, o verdadeiro guardião — Percival, Parsifal, ou Galahad, conforme a versão abordada — restaurará o Graal dentro de si e voltará a harmonizar os seus mundos interiores. Assim, Camelot será restaurado.

O fato é que quando o casal Francesca/Paolo inspira-se em Lancelot e Guinevere, estão inspirando-se, na verdade, na traição ao Ser, ao Nous, ao Espírito, que é representado pelo rei Arthur. Essa traição representa a queda do homem na desonra e no materialismo. Um exemplo muito simples: quando dizemos "Serei pontual porque isso justifica e honra o meu nome; sou humano e, como tal, devo honrar meus compromissos." Essa é a voz de Arthur. E os pensamentos da mente prática, grosseira e egoísta (Guinevere) retrucam: "Pare com isso. Olhe como o corpo (soma/Lancelot) está cansado: teve poucas horas de sono... Ninguém necessita tanto assim de ti. Todos sempre se atrasam. Fica um pouco mais!"

Percebemos, neste caso, que Guinevere está apaixonada pelo corpo/Lancelot e está traindo o espírito/ Arthur. Nisso, inicia-se a ruptura da chegada da voz de Arthur ao mundo; ele deixa de ter comando sobre o mundo, pois Guinevere, por uma paixão materialista pelo transitório, rompe o Graal, quebra o esquema da união dos três mundos. E este é quase que o pórtico de entrada do Inferno, logo no início. Francesca e Paolo rompem com o plano espiritual e, por isso, a viagem começa a ficar árdua desde o princípio. Os dois inspiram-se de fato em Lancelot e Guinevere, mas em mais do que a versão superficial da história.

Trata-se de uma hipótese interpretativa, reitero, que mostra que, logo no início da caminhada, inconsciência e traição impedem-nos de subir. Eles são inconscientes, ou seja, o ser humano é inconsciente da essência que vive dentro dele; esquece-se de si mesmo, trai a sua própria essência, e isso o impede de continuar subindo, deixa-o retido no "inferno".

Relembrando a lei do *karma* indiana, de causa e efeito, que aqui atua fortemente, vemos que ela nos recorda a muito científica terceira lei de Newton: "Toda ação provoca uma reação de igual intensidade e sentido contrário". Então, até Newton, que era um alquimista, fala sobre isso nas suas leis físicas.

Assim, quando há um rompimento, provoca-se uma ação violentamente fora da linha da lei (*dharma*, para os indianos) e começamos a não conseguir subir mais. E iniciam-se as consequências cármicas, os efeitos cármicos, para tentar polir essas arestas criadas, corrigindo as distorções que impedem a consciência humana pura, desnuda, de continuar o seu processo de ascensão. Já entendemos previamente que "inferno versus purgatório" é só uma questão de consciência mais adormecida ou mais desperta.

A SEXTA ESFERA

Um momento interessante ocorre quando chegamos à sexta esfera do Paraíso, que, aliás, mostra Dante com conhecimentos sobre astrologia e mitologia muito relevantes. Podemos perceber que aquele seu círculo de estudos citado conhecia mais coisas do que poderíamos supor, a princípio. Alcançamos a sexta esfera do Paraíso no mundo de Júpiter, que é o Deus da liderança, do governo, e encontramos Trajano, o imperador romano, e Rifeu, o soldado troiano. Trajano ainda é explicável que esteja ali, pois corria a falsa versão, na Idade Média, de que ele teria se convertido ao cristianismo; mas a presença de Rifeu nesta esfera, que era um soldado troiano pertencente ao ciclo da *Eneida* de Virgílio, quando ainda nem sequer existia o cristianismo, constitui um enigma. Por que Rifeu estaria quase chegando ao Empíreo, sexta esfera do Paraíso?

Rifeu, para quem conhece a *Eneida*, era um aliado de Enéias e foi um dos mais corajosos e intrépidos guerreiros a lutar para salvar a vida de Cassandra, a sacerdotisa de Apolo que estava sendo profanada e maltratada por Ajax. Era uma sacerdotisa pura, entregue à vida do templo; ou seja, o nosso Rifeu em questão dá a sua vida para vingar uma profanação, para salvar algo sagrado.

Isso significa que, para a imaginação de nosso Dante Alighieri, aqueles que viviam muito antes do cristianismo já eram capazes de aproximar-se de Deus e dar a sua vida para preservar aquilo que é sagrado, pois não há nenhuma outra explicação para colocar Rifeu no Empíreo, sendo que o próprio Virgílio ficou para trás. Virgílio está no limbo e Rifeu está nessa posição, não era um filósofo, mas um soldado, um homem que deu a sua vida para preservar o sagrado e salvar uma sacerdotisa.

Enfim, há alguns elementos nas entrelinhas de *A Divina Comédia* que dão a entender que Dante tinha um pensamento que talvez não fosse bem aquele que ele faz parecer, há outras possibilidades. Ele não crê em um Deus tão injusto que puna alguém bom, corajoso e forte simplesmente porque nasceu antes da era cristã. Seria um paradoxo, um contrassenso, e o escritor não era um homem muito dado a contrassensos, prezava muito a justiça. Inclusive vale destacar essa frase que está exatamente na sexta esfera: "Amem a justiça, vós que julgais a terra". Ou seja, amem a justiça, e não a vingança ou os falsos julgamentos. A justiça é restauradora, não é vingativa; restaura inclusive o valor e o nome dos que foram penalizados pelas falsas emulações de justiça dos homens.

A VIA CRUCIS

Podemos ver uma semelhança interessante também entre *A Divina Comédia* e algumas *vias crucis* de diferentes religiões, não apenas a cristã. Se tomarmos, por exemplo, o *Kalika Purana* indiano, veremos que também se trata de uma *via crucis* enfrentada pelo deus Shiva, dolorosa, mas coroada da elevação de sua sabedoria até o Absoluto. Todas as *vias crucis*, em geral, mostram um ser que sacrifica seus laços com a matéria para chegar à necessária ascensão e reunião com o Divino. Não é difícil vermos o homem que atravessa os mundos de *A Divina Comédia* como um peregrino de uma *via crucis*, purificando a si próprio e conquistando o mérito para a grande unificação final.

Faz-nos pensar que todas as dores humanas sofridas antes de nós e preservadas na memória servem para mostrar-nos que é possível alcançar o outro lado. É como se alguém passasse pelos três mundos de Dante para nos provar que se pode alcançar o ponto mais elevado, mais sublime. Se algum ser superou suas dificuldades e chegou, também posso superá-las; trata-se de uma demonstração de misericórdia e de amor, semelhante à das *vias crucis* religiosas.

Zurvan Cronos

Entre os persas antigos (III/IV a. C.), havia um Deus, Zurvan, senhor do tempo e do espaço infinitos, cujo nome significava exatamente "tempo"; era o pai dos gêmeos Ormuz (Luz, Sabedoria) e Ahura-Mazda (Escuridão). Seu culto era conhecido como Zurvanismo, uma apresentação diferenciada do Mazdeísmo.

Sua denominação grega de Zurvan-Cronos é uma tautologia, tal como se o denominássemos Tempo-Tempo. Era representado com uma serpente fazendo voltas em seu corpo, em espirais; tratava-se de uma das muitas versões do mito do eterno retorno de que já falamos: a consciência humana ascendendo ao aprender de cada ponto de experiência, de tal forma que, ao passar novamente por ali, já o fará desde outra altitude.

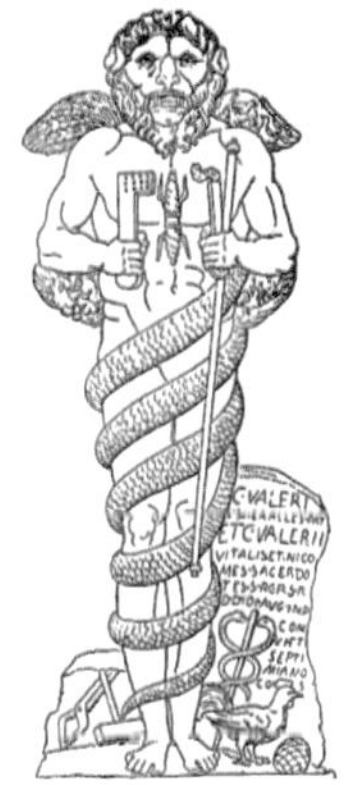

Desenho de Zurvan leontocefalino encontrado no mitreu de C. Valerius Heracles e filhos, feito em 190 d. C., em Ostia Antica, Itália.

Este deus é representado com uma cabeça de leão, uma ou duas chaves em uma mão, um cetro na outra e uma serpente enrolada em seu corpo.

Em se tratando de *A Divina Comédia*, esta representação não pode deixar de relembrar-nos a figura do rei Minos, que, desde o Inferno, enrola uma serpente em seu corpo para determinar em qual "andar" infernal o culpado expiará sua pena, sendo os últimos os mais sofridos, mas também os mais próximos da sala posterior, o Purgatório. Quanto mais voltas, mais avançado e "infernal" é o patamar a que se destina o condenado: existem nove patamares.

Minos, detalhe de O Dia do Juízo Final, *famoso afresco do altar da Capela Sistina. Michelangelo, 1536.*

Não é difícil imaginarmos Minos igualmente associado ao tempo, e sua serpente às voltas que o condenado terá que dar (eterno retorno) até expiar sua culpa. Segundo essa possibilidade, cada um receberia uma "prescrição" de Minos acerca da necessidade de experiência que possui e a que é necessária para a superação de suas limitações. Trata-se de uma interessante possibilidade de interpretação que mostra mais uma camada simbólica dentro da obra acerca da evolução humana e das necessidades de deslocamento que ela gera, antes ou depois da morte física.

A imagem também nos recorda o chamado caduceu, ou bastão, do deus Hermes-Mercúrio, no qual duas serpentes entrelaçam-se e ascendem, desenhando o mapa dos três mundos que a consciência percorre, dos quais já tratamos: Soma, Psiquê e Nous.

CONCLUSÃO

Podemos resgatar aqui uma frase alquímica: "Só chegarão ao reino dos céus os olhos que atravessam as aparências e elevam-se em glória". Ou seja, os olhos que ousam ir além das aparências e elevar-se até a glória, ao ápice da caminhada.

Já nos referindo à linguagem velada de *A Divina Comédia* como um todo, podemos relembrar a frase bíblica: "A vós, falo diretamente, mas, aos outros, falo por parábolas, para que vendo, não vejam; ouvindo, não ouçam". "Quem tem ouvidos para ouvir, que ouça. Quem tem olhos para ver, que veja". Será que é de olhos e ouvidos físicos que as escrituras estão falando? Ou pressupõem, mesmo neste livro sagrado, a capacidade de compreensão simbólica do homem para ir além do explícito e superficial?

Mais uma frase oportuna, esta da tradição hermética egípcia: "Os lábios da sabedoria só se abrem aos ouvidos do entendimento". Vejam, são três referências clássicas dizendo: "Vá além das aparências, mereça saber", o que nos lembra muito as próprias palavras de Dante citadas no início deste breve estudo.

É como se o autor dissesse-nos: “Existem mais coisas além das aparências naquilo que escrevo”. Mas podemos ter certeza de que as coisas que existem além das aparências são essas que citamos? Não temos. São só essas? Certamente, não. Mas são um impulso para que comecemos a olhar esta obra com outros olhos...

Considerem: será que o Inferno não é aqui mesmo? E o Purgatório, também? E o Paraíso, também?

Lembro de um conto zen muito conhecido que acredito ser bem apropriado aqui. Havia um mestre conhecido por sua especial sabedoria. Um dia, chega até ele um guerreiro, um general, que havia vencido várias batalhas e orgulhava-se muito disso. Então, o general perguntou para o sábio: “Mestre, o que são o céu e o inferno?” Então, aquele homem resolveu dar uma lição no guerreiro e começou a falar insultos: “Que absurdo, um general como tu perguntar isso! Qual é o rei que te chama para general? Que pergunta idiota! Olha só, não sabe nem sequer se vestir, aparece como um maltrapilho. Que ridículo!” O general, então, perde o controle sobre sua cólera e saca a sua espada para cortar a cabeça do mestre. Neste momento, o sábio grita: “Abriram-se as portas do inferno!” E o general, com a espada já no ar, detém-se e compreende a sabedoria da resposta daquele mestre. Embainha novamente a sua espada e cai de joelhos aos pés dele, que lhe diz: “Abriram-se as portas do céu!”

Seria, então, *A Divina Comédia* um tratado de como atravessar o tempo, com todas as suas privações, e alcançar a eternidade? Segundo os *Vedas* indianos, a iluminação não é um “estado”; é a natureza do próprio indivíduo, e sendo ela ilimitada, não pode ser alcançada pelo tempo e pelo espaço, mas, sim, superando ambos e alcançando uma visão de totalidade.

Trata-se de saber viver para poder confrontar a morte e retirar seus véus ilusórios de destruição. Segundo os filósofos gregos pré-socráticos, tudo aquilo que é composto e múltiplo se dissolverá nos seus elementos componentes; só aquilo que é "substância pura", una, sobreviverá à morte; só essa essência una é eterna, porque é do mundo da unidade, fora do tempo: é uma célula de Deus.

Logo, quando nós encontrarmos aquilo que em nós é uno, não se divide, é a essência humana, já não morreremos mais e não haverá mais três mundos, mas um só.

Como dissemos ao início desta pequena e despretensiosa obra, nossa intenção é abrir a porta de uma outra *A Divina Comédia*, uma porta mais íntima e reservada aos viajantes que se lançam à complexa aventura de desvendar os mistérios de sua própria essência.

Há um paralelismo entre homens profundos e sua busca por coisas profundas, e aqueles que gostam de desfilar seus olhos pela mera aparência das coisas, como se tudo não passasse de entretenimento. Esta obra é um desafio de aprofundamento para os primeiros: mostramos as portas internas de um clássico que, com certeza, tem muito a nos dizer não apenas sobre a morte, mas sobre a vida, esta jornada desafiadora e cercada de tantos riscos, mas também iluminada a cada passo pela distante possibilidade do encontro do lugar que nos corresponde no coração de Deus.

Para os aventureiros, só posso deixar meus melhores votos de uma boa jornada!

O Mapa do Inferno, *talvez uma das mais conhecidas imagens baseadas na obra de Dante Alighieri. Botticelli, c. 1480.*

Referências

ATKINSON, William Walker. **O Caibalion**. São Paulo: Pensamento, 2018.

CERVANTES, Miguel de. **Dom Quixote**. São Paulo: Nova Fronteira, 2021.

CRUZ, São João da. **Noite escura**. Petrópolis: Vozes, 2014.

ELIADE, Mircea. **Ferreiros e alquimistas**. Lisboa: Relógio d'Água, 1987.

______. **O sagrado e o profano**. São Paulo: Martins Fontes, 2002.

GIBRAN, Khalil. **O profeta**. São Paulo: L&PM, 2001.

HOMERO. **A Odisseia**. São Paulo: Ubu, 2018.

LEROUX, Gaston. **O fantasma da ópera**. São Paulo: FTD, 2006.

PLATÃO. **A República**. São Paulo: Edipro, 2006.

PLATÃO. **Diálogos II**: Górgias, Eutidemo, Hípias maior, Hípias Menor. Bauru: Edipro, 2007.

SHAKESPEARE, William. **42 sonetos**. Rio de Janeiro: Nova Fronteira, 2005.

VIRGÍLIO. **A Eneida**. São Paulo: Editora 34, 2016.

ZIMMER, Heinrich. **A conquista psicológica do mal**. São Paulo: Palas Athena, 1988.

______. **O Dhammapada**. São Paulo: Pensamento, 2013.

______. **Mutus Liber** — o livro mudo da alquimia medieval. São Paulo: Attar, 1995.

______. **Wen Tzu** — a compreensão dos mistérios. Ensinamentos de Lao-Tzu. Brasília: Teosófica, 2002.

Leia também:

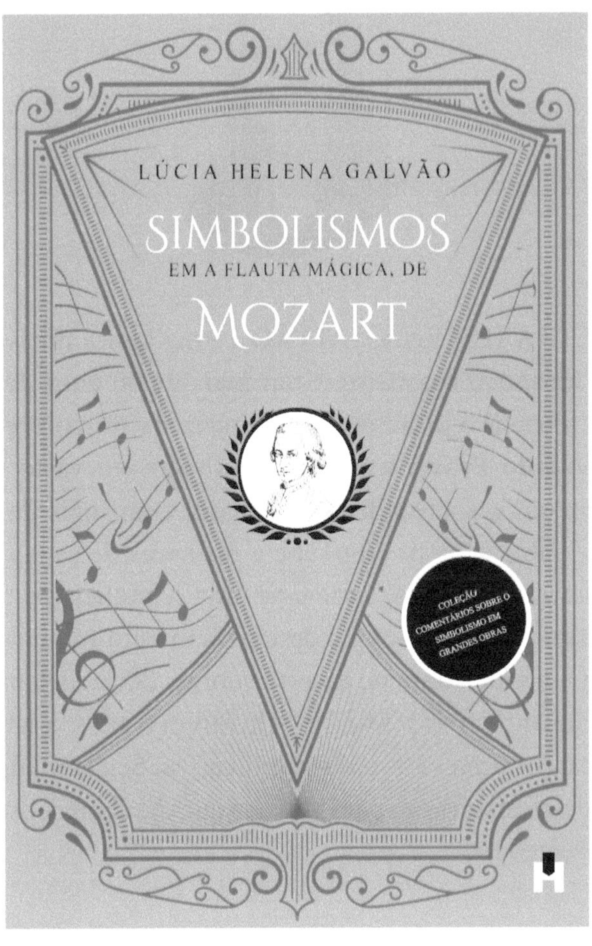

LÚCIA HELENA GALVÃO
SIMBOLISMOS
EM A FLAUTA MÁGICA, DE
MOZART
COLEÇÃO
COMENTÁRIOS SOBRE O
SIMBOLISMO EM
GRANDES OBRAS

Sobre a autora

LÚCIA HELENA GALVÃO é uma figura notável no cenário filosófico brasileiro. Com mais de 30 anos de atuação como filósofa e professora voluntária na organização Nova Acrópole do Brasil, tem compartilhado seu vasto conhecimento com a sociedade. Além disso, com mais de 800 palestras publicadas no YouTube e milhares de seguidores em diversas redes sociais, tornou-se uma referência para aqueles interessados em filosofia e desenvolvimento humano. Como autora e prefaciadora de diversas obras, Lúcia Helena Galvão busca incentivar as pessoas a cultivarem o amor à sabedoria e a buscarem uma vida mais significativa. Seu trabalho é uma verdadeira inspiração para aqueles que desejam construir um mundo melhor.

www.ingramcontent.com/pod-product-compliance
Ingram Content Group UK Ltd.
Pitfield, Milton Keynes, MK11 3LW, UK
UKHW042006190726
13854UKWH00005B/2186

9 788554 823535